Denominación de Origen no Controlada

JEAN-PIERRE MARTINEZ

Denominación de Origen no Controlada

La Comédiathèque
comediatheque.net

PERSONAJES

Diane: la hija de la casa
Karim: su prometido
France: su madre
Louis: su padre

© La Comédiathèque
ISBN 978-2-38602-055-1

Una sala burguesa, muebles de estilo y una decoración anticuada. Un crucifijo en la pared de fondo y un retrato de la Virgen en un mueble. France, una mujer de unos cincuenta años con una elegancia un poco pasada de moda, dobla con cuidado la ropa de bebé y la coloca en una caja. Su teléfono móvil suena y ella responde.

France – SOS madres en apuros, escuchando... Ah, eres tú, Victoria... No, no me estás molestando... Estaba preparando un paquete... para esa pobre pecadora a la que, gracias a Dios, convencimos de que mantuviera a su bebé... Eso es, una Interrupción Voluntaria del Embarazo, como se dice ahora... Pueden modernizar el lenguaje todo lo que quieran, pero un ciego seguirá siendo siempre un ciego... y quitar la vida a un pobre inocente seguirá siendo un crimen. ¿Louis? Escucha, está bien... Desde que se jubiló, está un poco perdido, pero bueno... Afortunadamente, se metió en la cabeza escribir este libro, eso lo mantiene ocupado... ¿Vienen a cenar el sábado como siempre...? Bueno, no sé... Será la Epifanía, trae una rosca. ¡Haremos el sorteo de los reyes! De acuerdo, entonces, ¡hasta el sábado! Adiós, Victoria. Saluda a Alberto de mi parte...

Guarda su teléfono móvil y vuelve a su paquete. Llega Louis, en la década de los sesenta, con el mismo estilo que ella, sosteniendo un archivo y con una expresión radiante.

Louis – ¡Listo, acabo de enviar mi manuscrito a mi editor!

France – ¡Fantástico! ¿Cuánto tiempo has estado trabajando en este libro?

Louis – Para la investigación, al menos tres años. Para la redacción en sí, alrededor de nueve meses.

France – Nueve meses...

Louis – Sí, siento como si fuera una mujer que acaba de dar a luz... Estoy aliviado y al mismo tiempo... siento un gran vacío.

France – No nos harás una depresión posparto, ¿verdad?

Louis – Espero que a alguien le interese... De todos modos, para nuestros nietos, siempre será interesante conocer su árbol genealógico.

France lo escucha distraídamente mientras sigue doblando la ropa de bebé y llenando su caja.

France – Sí, seguro...

Louis – Parece que no te entusiasma lo que te cuento... Aunque también se trata de ti en este libro.

France – Pero sí, claro que me interesa... ¿Por qué lo preguntas?

Louis – Las raíces de tu familia, al igual que las de los Casteladrón, se remontan al menos a la Edad Media, ¿te das cuenta?

France – No estoy tan versada como tú en genealogía, pero como decía mi padre... siempre es bueno saber de dónde venimos para saber quiénes somos.

Louis – Y no es solo la historia de nuestra familia. En este libro, también se trata de la Historia con mayúscula. Nuestro destino familiar está ligado al de nuestro país.

France – Por supuesto...

Louis – Como juez, he tenido que llevar a cabo muchas investigaciones a lo largo de mi vida. Esta ha sido la más difícil, pero también la más apasionante.

France – Afortunadamente, esta vez no es una investigación criminal...

Louis – Espero tener los primeros ejemplares en unas semanas. Podríamos organizar una pequeña sesión de autógrafos en la Librería San Agustín. ¡Sería una oportunidad para reunir a toda la familia! Y también a nuestros amigos. ¿Qué opinas?

France – ¿Por qué no? Sí, sería genial.

Louis – No estoy seguro de que sea un éxito de ventas, pero estoy contento de poder dejar esto a nuestras futuras generaciones...

France – Aunque te recuerdo que por ahora no las tenemos...

Louis – Ya llegarán. Diane no permanecerá soltera toda su vida.

France – Es joven, acaba de terminar sus estudios. Todavía tiene tiempo para formar una familia...

Diane, con un aspecto más moderno que el de sus padres, llega.

Diane – ¿Estabas hablando de mí?

France – Estábamos hablando del libro de tu padre...

Diane – Ah, sí... ¿Finalmente decidiste el título? ¿Ya lo encontraste?

Louis – Sí, y debo admitir que estoy bastante contento.

Diane – Qué suspense... ¿Y entonces?

Louis saca una hoja de cartón de su archivo y se la entrega.

Louis – Aquí tienes el diseño de la portada.

Diane mira el diseño y lee el título.

Diane – "En línea directa. Franceses de origen".

Louis – ¿Qué te parece?

Diane – Ah, sí, está... Está bien. Y... supongo que también tiene un mensaje político, ¿verdad?

Louis – Para bien o para mal, estamos en una república, querida. ¿Todavía tenemos derecho a expresar nuestras convicciones, no?

Diane mira nuevamente el diseño.

Diane – Tal vez la flor de lis no era completamente necesaria... Mamá, ¿qué opinas?

France – Estoy segura de que será un best-seller...

Louis – Después de todo, somos una familia numerosa, y como este libro trata sobre cada uno de nosotros... Si todos compramos uno, deberíamos vender al menos 200 copias.

France – Tu padre planea una sesión de firmas en la Librería San Agustín Podríamos hablar con el párroco y también invitar a todos nuestros feligreses. Como dice tu padre, este libro es parte de la Historia de Francia.

Diane – ¿Y cuándo será esta pequeña fiesta?

Louis – El libro estará bajo impresión pronto. Creo que en tres semanas tendré las primeras copias.

Diane – Genial... ¿Hasta cuándo llegaste finalmente? Creo que te quedaste en la época de Luis XV, ¿no?

Louis – Charles Martel en mi familia y Juana de Arco en la de tu madre.

Diane – ¿Juana de Arco?

Louis – Sí, bueno... No en línea directa, por supuesto...

Diane (*distraídamente*) – Ah, sí...

Ella revisa su teléfono móvil.

France – ¿Y tú, cariño? ¿Todo va bien?

Louis – ¿Cómo te va en tu nuevo despacho de abogados?

Diane – Acaban de asignarme mi primer caso.

Louis – ¿De qué se trata? Sin romper el secreto profesional, por supuesto...

Diane – Un hombre que descubre tardíamente que no es el padre de su hijo.

France – ¿Y entonces?

Diane – Él está pidiendo el divorcio y quiere desheredar al hijo ilegítimo.

Louis – Pero gracias a Dios, eso no es posible. Al menos en lo que respecta a desheredar a su hijo...

Diane – Afortunadamente para todos los bastardos de Francia.

Louis – Sí...

France – ¿Cuántos años tiene ese pobre niño?

Diane – Setenta y tres años. Su padre tiene casi cien años.

France – ¿Cómo se enteró de que su hijo no era suyo después de setenta y tres años?

Diane – Con una prueba de ADN, simplemente. Hoy en día, las ofrecen por alrededor de cincuenta euros en internet.

Louis – Estos sitios son un peligro para la paz en las familias.

Diane – Es cierto. Estas pruebas han revelado sobre todo a cientos de maridos que estaban siendo engañados.

Louis – Por suerte, ahora están prohibidas en Francia.

Diane – A menos que sean ordenadas por la justicia. Fuiste juez de asuntos familiares, ¿no autorizaste algunas?

Louis – Me ha sucedido... En casos muy especiales... Nunca para alimentar la sospecha dentro de las familias o satisfacer la curiosidad malsana de algunos.

France – Es cierto... ¿Por qué el francés común debe necesariamente saber si tiene o no algunos genes africanos en su patrimonio genético?

Louis – Después de todo, según los antropólogos, si retrocedemos lo suficiente, África es la cuna de la Humanidad.

Diane – ¡Qué bien suena viniendo de ti! Pasaste tres años de tu vida reconstruyendo tu árbol genealógico hasta la Edad Media.

Louis – Porque los De Casteladrón provienen de una antigua familia francesa con un pasado glorioso. Si mi apellido fuera Dupont o Durand, no habría buscado tan lejos.

Diane – Veo, entonces, según tú, la genealogía no es para la gente común...

Louis – Digamos que es más interesante cuando provienes de una línea prestigiosa...

France – Aun así... Se siente extraño saber que ahora eres abogada...

Louis – Es verdad...

France – Definitivamente, toda la familia se dedica a los asuntos familiares... Primero tu padre como juez, ahora tú como abogada.

Diane – Además, tú también, con tu asociación para ayudar a madres solteras, de alguna manera intentas proteger a la familia, ¿verdad?

France – Sí...

Diane – Tienes razón, es curiosa esta obsesión familiar por los asuntos familiares. (*Bromeando*) ¿Podría estar ocultando... un secreto familiar?

Sus padres no responden, pero parecen un poco incómodos.

Louis – Bueno, tengo que irme. Voy a pasar por la Librería San Agustín. Intentaré fijar una fecha para la sesión de firmas.

France – Y yo tengo un paquete que entregar... Hasta luego, cariño.

France toma la caja, pero Louis se la quita de las manos.

Louis – Te ayudaré... Te dejaré en el camino mientras voy a la librería, está en mi ruta.

France – ¡Ni siquiera sabes a dónde voy!

Louis – Sabes que mi camino es donde tú vas, cariño...

Salen. Diane consulta nuevamente la pantalla de su teléfono móvil. Alguien llama a la puerta. Ella sale a abrir y vuelve con Karim, un joven de unos treinta años con un atuendo decididamente relajado.

Karim – ¿Estás sola?

Diane – Mis padres acaban de irse. ¿No los encontraste?

Karim (*incómodo*) – No...

Diane – ¡Esperaste a que se fueran para llamar!

Karim – Pero no del todo...

Diane – ¡Es increíble! ¿Te dan tanto miedo?

Él la besa tiernamente.

Karim – Tienen algunas razones para no estar contentos conmigo. Pronto voy a llevarme a su única hija en mi gran caballo blanco...

Diane – Un caballo blanco... Entonces, ¿un pura sangre árabe? ¿Quieres beber algo?

Karim – No sé... ¿Qué hay en el bar de tus padres? ¿Vino de misa? ¿Elixires monásticos?

Diane – Deja de bromear...

Karim – Está bien, me asustan...

Diane – No es como si nunca los hubieras conocido. Saben que estamos saliendo. Ya cenaste con ellos varias veces en casa. No te envenenaron...

Karim – Porque no saben que vamos a casarnos... ¿Les has dicho?

Diane – Aún no...

Karim – Prometiste hacerlo.

Diane – No he encontrado el momento adecuado. Y además, ¿no debería ser tú quien le pida la mano a mi padre?

Karim – Es cierto... A principios del siglo pasado, solíamos hacerlo así... Aunque, cuando miro los muebles de tu sala de estar, tengo la sensación de que el reloj se detuvo justo antes de la Revolución Francesa.

Diane – Entonces tienes miedo. Eso me sorprende viniendo de ti...

Karim – ¡Tu padre es juez!

Diane – Ya se jubiló.

Karim – Los únicos árabes que ha visto en su vida fueron en el tribunal. Y los envió a la cárcel de inmediato...

Diane – ¡No digas tonterías! Además, mi madre me dijo que pareces ser un buen chico.

Karim – ¿Un buen chico? No sé cómo tomar eso...

Diane – Lo contrario de un chico malo, supongo...

Karim – Entiendo... Un buen chico... para un árabe.

Diane – En serio... No creo que cuando te ven se cuestionen primero tus orígenes étnicos.

Karim – Tu padre pasó los últimos tres años reconstruyendo el árbol genealógico de tu familia hasta la Edad Media. Me parece que podemos hablar de una obsesión identitaria, ¿no?

Diane – Es un trabajo de historiador... No es un crimen interesarse por la historia de su familia. Y entre nosotros, árabe... ¡Naciste en el distrito dieciséis!

Karim – Musulmán, si lo prefieres.

Diane – Bebes alcohol y comes salchichón.

Karim – Tal vez, pero mis padres nacieron en Casablanca. Y hace apenas veinte años, todavía no eran franceses.

Diane – Bueno, cambiemos de tema, porque me estás molestando...

Karim – De acuerdo...

Diane – ¿De verdad no quieres beber nada?

Karim – Entonces, un whisky.

Diane – ¿Un whisky? A esta hora, ¿estás seguro?

Karim – Necesito un pequeño estímulo.

Diane – Incluso si va en contra de tu religión...

Karim – Ahora eres tú quien empieza...

Diane – Está bien, no dije nada. De hecho, voy a acompañarte. También he tenido una mañana difícil.

Ella sale del bar con dos vasos y una botella de whisky. Llena uno de los vasos.

Karim – Wow... Tranquila, no es agua bendita...

Diane – Tienes razón, creo que me he excedido.

Ella toma el vaso y llena el otro con la mitad de su contenido.

Karim – Bueno, no importa si me emborracho un poco. No tengo actuación esta noche...

Diane – ¿Ah sí?

Karim – ¡Es lunes! Día de descanso. Si nos casamos, tendrás que acostumbrarte. Los lunes iremos a cenar o al cine. Además, muchos pequeños comerciantes también cierran los lunes.

Diane – Excepto las tiendas de comestibles árabes, que están abiertas todos los días... ¿En qué estás actuando en este momento?

Karim – "El Burgués Gentilhombre". En cierto modo, es la historia de tu padre, ¿no crees?

Diane – ¿De verdad?

Karim – De Casteladrón... Bueno, tienen un apellido noble, pero ¿no tienen un título de nobleza, verdad?

Diane – Mi abuelo era barón. Fue el hermano mayor de mi padre quien heredó el título.

Karim – Barón... Ese es el rango más bajo de la nobleza francesa. Por debajo, solo hay caballeros.

Diane – Pareces saber mucho, ¿has investigado?

Karim – Tu familia se remonta a la Edad Media, gran cosa. El hombre desciende del mono y el mono desciende del árbol, eso es todo lo que deberíamos saber en genealogía.

Diane – Muy gracioso.

Karim – Todos tenemos antepasados, ¿no? Algunos conocen el nombre de sus ancestros y otros no, eso es todo... Pero al final del día, incluso tu portera portuguesa tiene un árbol genealógico que se remonta a Adán y Eva.

Diane – ¿Por qué te molesta tanto que mi padre esté apasionado por la genealogía?

Karim – ¡Se jacta de que su familia ha sido francesa durante treinta generaciones! ¿Crees que le gustará ver a un árabe ascendiendo en su árbol genealógico cien por ciento galo?

Diane – Son un poco conservadores, es cierto. Pero no son racistas...

Karim – ¿Un poco conservadores? Van a misa todos los días. ¡Tu padre es monárquico y tu madre milita en una asociación pro-vida!

Diane – Pro-vida... Estás exagerando...

Karim – Anti-IVG, si prefieres.

Diane – Es una asociación que ayuda a las madres solteras.

Karim – ¡Sí, para disuadirlas de abortar!

Diane – Bueno, está bien, son conservadores. Pero tampoco es culpa mía ser la última descendiente de una antigua familia francesa, algunos de cuyos miembros se destacaron en la historia.

Karim – Una antigua familia francesa... ¿En serio? ¿Te das cuenta de lo que estás diciendo?

Diane – ¿Quieres que me avergüence de eso?

Karim – No. Pero tampoco veo por qué deberías estar orgullosa de eso..

Diane – ¡Mi padre es descendiente de Carlos Martel!

Karim – ¿El que detuvo a los árabes en Poitiers?

Diane – Mi madre desciende de Juana de Arco.

Karim – ¿La que echó a los ingleses de Francia?

Diane – Lo siento, pero antes de que los fascistas se apropiaran de ella, Juana de Arco era un poco como el General de Gaulle. ¿No me digas que también tienes algo en contra del General de Gaulle por haber echado a lo Alemanes de Francia?

Karim – Soy tan francés como tú, te recuerdo. Pero mi Francia es la del mestizaje y el multiculturalismo. No la del apartheid y la selección genética.

Diane – ¿No crees que estás exagerando un poco? Si de verdad quisiera proteger la pureza de mi raza, ¿realmente me casaría con un árabe?

Karim – ¡No estoy hablando de ti, estoy hablando de tus padres! Además, espera un poco... ¿Tú desciendes de Juana de Arco? ¿No se supone que murió virgen?

Diane – Sí, bueno... Tal vez no en línea recta...

Karim – ¿Estás segura de que no desciendes también de la Virgen María?

Diane se acerca a él y lo abraza tiernamente para tratar de calmar las cosas.

Diane – No vamos a pelear por Juana de Arco, ¿verdad?

Karim – Tienes razón, perdóname.

Diane – Te amo, lo sabes. Te acepto tal como eres. Pero también debes aceptarme... con mis padres. Y mis padres, ya no los vamos a cambiar ahora.

Karim – No, lamentablemente...

Diane – Por eso te pregunté si tendrías algún problema en casarnos en la iglesia. Les haría tan felices...

Karim – Aún no he dicho que sí...

Diane – De todos modos, no quieres casarte en la mezquita, ¿verdad?

Karim – Podríamos conformarnos con el ayuntamiento, como mucha gente.

Diane – De acuerdo, entonces hazlo por mí. Un matrimonio en la iglesia tiene más elegancia, ¿no?

Karim – Si tú lo dices...

Diane – Te prometo que haré todo lo posible para que todo salga bien con mis padres.

Karim – Aún así, estaré más tranquilo cuando les hayas hablado.

Diane – Les anunciaremos juntos, ¿de acuerdo?

Karim – ¿Cuándo?

Diane – ¡Hoy! Les diré que te he invitado a tomar el té. Creo que ya sospechan algo, ¿sabes? No se sorprenderán mucho...

Karim – Si tú lo dices...

Diane – Bueno, entonces... Inch allah...

Corte

Louis, France, Diane y Karim están reunidos alrededor de la mesa de café en la que se encuentra una tarta, una tetera y tazas. France corta la tarta.

France – No vamos a pedirle a la más joven que se agache bajo la mesa...

Louis – No... Extrañamente, con el paso de los años, la mesa se ha vuelto demasiado pequeña...

France sirve una porción de tarta para cada uno.

Louis – ¿Sabes cuál es el origen de esta antigua tradición francesa, Karim?

Diane – Yo fui quien compró esta torta. Por el precio, diría que es una tradición inventada por los panaderos.

Louis – En realidad, en nuestro país, la rosca de reyes se destina a celebrar la visita de los Reyes Magos al Niño Jesús.

Karim – Por supuesto... (*Pausa*) Aunque en realidad, me parece haber leído en algún lugar que esta antigua tradición pagana se remonta, como mínimo, a los tiempos de los romanos. Así que mucho antes del nacimiento de Jesucristo.

Diane oculta una sonrisa. Sus padres parecen sorprendidos.

France – ¿En serio? No lo sabía...

Karim – La rosca de reyes tiene su origen en las festividades saturnales, que también tenían lugar durante el solsticio de invierno. Se regalaba una rosca a los esclavos, y aquel que encontraba la figurita se convertía en rey por un día. Incluso tenía el derecho de dar órdenes a su amo. Antes de volver a la esclavitud al día siguiente o ser ejecutado según el deseo de su propietario.

France – Pero eso es terrible... ¿Estás seguro?

Diane – Puedes confiar en Karim, mamá... Debe haberlo verificado en Wikipedia justo antes de venir. Mientras yo hacía cola en la panadería...

Ellos comen en silencio y con precaución.

Louis – Cuidado con los dientes... No se excluye que esta tradición haya sido revivida por la hermandad de dentistas... Quien rompa una muela con la sorpresa tendrá una corona.

Sonrisas corteses.

Diane – Te lo advertí, Karim. Mi padre tiene un gran sentido del humor...

France – Ah, creo que yo tengo la sorpresa...

Louis coloca una de las dos coronas en la cabeza de su esposa.

Louis – Así que aquí está la reina...

France toma la otra corona y la coloca en la cabeza de su esposo.

France – Y aquí está mi rey...

Diane y Karim los miran, un poco incómodos por este espectáculo ridículo.

Diane – Creo que el té ya está suficientemente infusionado, ¿verdad?

France sirve el té.

France – Es té de menta... Es un cambio... Por supuesto, probablemente no sea tan bueno como el de tu madre, Salim.

Diane – Karim, mamá...

France – Lo siento... Karim, por supuesto... Diane nos habla mucho de ti. Soy imperdonable por no recordar tu nombre...

Louis – ¿Eres actor, verdad?

Karim – Sí.

France – Espero que esté lo suficientemente dulce.

Louis – También hice un poco de teatro cuando estaba en el instituto.

Diane – Nunca me contaste eso...

Louis – Oh, tal vez lo hice, pero lo olvidaste... Dicen que los viejos como nosotros olvidan lo que les dicen. Los jóvenes son aún peores, ni siquiera escuchan.

France – Los viejos como nosotros... Habla por ti, viejo gruñón. Yo aún no tengo Alzheimer...

Louis – No, pero olvidaste el nombre de Karim.

France – ¿Ves lo que pasa con las parejas mayores, joven? No dejamos de pelear... y no mejora con los años, créeme.

Louis – Un consejo, nunca te cases... o al menos, no demasiado pronto.

Karim mira a Diane con una expresión de angustia, lo que la anima a seguir.

Diane – Bueno, precisamente en relación al matrimonio, Karim y yo... Tenemos una noticia que darles.

France – ¿Una noticia...?

Diane – Una buena noticia.

Louis – Ah, sí...

Diane – ¿No lo adivinan?

France – La verdad es que no...

Diane – Karim y yo vamos a casarnos.

Silencio.

France – ¿Casarse...?

Louis – Casarse, ¿quieres decir... juntos, supongo?

Diane – ¡Claro, juntos!

France – Muy bien... Quiero decir... si eso es lo que quieren.

Louis – Pero... no es para ahora, ¿verdad?

Diane – Hoy, no. Ni mañana por la mañana, si eso es lo que estás preguntando.

Karim – La fecha aún no está fijada, obviamente. Primero queríamos darles la noticia.

Silencio incómodo.

Diane – En cualquier caso, ya estamos contentos de ver que les hace felices.

Louis – No, no, sí, sí... Es solo que... con la publicación de mi libro...

France – Sí... Tendremos que fijar una fecha, supongo...

Louis – No sé dónde dejé mi agenda...

Busca su agenda con una expresión preocupada.

France – También tendremos que informar a la familia, por supuesto... Reunirlos a todos al mismo tiempo va a ser un rompecabezas...

Karim – No hay prisa, ya saben... Podemos hablar de eso más adelante...

Louis – Sí, tal vez sería mejor...

Diane – Así tendrán tiempo de enfriar el champán...

France – Está bien... Sí, porque discúlpenos... No habíamos planeado nada...

Louis – Debe de haber una botella por ahí en alguna parte, pero no debe estar muy fría.

France – Incluso me pregunto si todavía estará buena... Y Karim tal vez no bebe champán...

Diane – ¿Por qué no iba a beber champán?

France – No lo sé... Lo dije sin más...

Diane – No todos los árabes beben solo té de menta, mamá...

France – ¿Les sirvo un poco más?

Karim – Gracias, estamos bien...

France – Entonces, tal vez deberíamos dejarlos solos, ¿verdad Louis?

Louis – Sí, de hecho, tengo que llamar a mi editor.

France – Y también deben tener muchas cosas de las que hablar...

Diane – Sí, bueno... No es como si fuera un matrimonio concertado y nos acabáramos de conocer... Ya nos conocemos un poco...

France – Claro... No, quiero decir... para la organización de la ceremonia, y eso.

Se levantan.

Louis – Entonces, hasta pronto, Karim.

Salen. Un pesado silencio.

Diane – Vale, son unos viejos gruñones... Pero, ¿qué quieres que haga? Son mis padres...

Karim – Te lo advertí.

Diane – Aunque, después de todo, no dijeron que no.

Karim – No, creo que la frase exacta fue... si eso es lo que desean.

Diane – No fue muy cálido, lo reconozco. No se lo esperaban. Pero no dijeron que no...

Karim – Es increíble... Se creen seres elegidos, pero parecen dinosaurios...

Diane – Eh... Estás hablando de mí también, recuerda...

Karim – Sí, por suerte me sacrifico para revitalizar esta larga línea consanguínea.

Diane – ¿Crees que tengo un aspecto degenerado hasta ese punto? Gracias...

Karim – No, justo lo contrario, y eso es lo que me sorprende.

Diane – Porque si no... ¿todavía puedes cambiar de opinión y casarte con una chica franco-marroquí, que tenga genes frescos y diversificados?

Karim – Escucha, Diane, puedes entender que esto es bastante humillante para mí.

Diane – Lo entiendo muy bien, créeme. Voy a hablar con ellos...

Karim – No es como si viviera en los suburbios, o si mis padres fueran dueños de la tienda de la esquina. También soy un auténtico producto de la burguesía. La burguesía de Casablanca, quizás, pero burguesía al fin y al cabo. Mi abuelo fue Ministro de Justicia en Marruecos... ¡Tu padre es solo un juez jubilado!

Diane lo besa.

Diane – Se arreglará, te lo aseguro... Solo hay que darles tiempo para acostumbrarse a la idea, eso es todo.

Karim – ¿Tiempo? ¿Cuánto tiempo?

Diane – Les hablaré, te lo digo...

Karim – Está bien... Entonces volveré más tarde... De todos modos, tengo un ensayo en una hora. El Burgués Gentilhombre, ¿recuerdas?

Sale. Diane suspira. Su madre regresa.

France – ¿Karim ya se fue?

Diane – Se sentía un poco incómodo...

France – ¿Ah sí...?

Diane – No es como si le hubieran dicho que estaba en su casa y que sería bienvenido en esta familia con los brazos abiertos...

France – Discúlpanos... nos tomó por sorpresa.

Diane – Llevamos más de un año juntos, y lo sabéis muy bien.

France – Pensábamos que era solo una aventura más. Reconoce que ha habido algunas otras antes que él...

Diane – Entonces digamos que este es el adecuado.

France – ¿Estás segura?

Diane – Lo amo. Y sé que él también me ama. En teoría, eso debería ser suficiente, ¿no?

Un momento.

France – ¿No estás embarazada, al menos...?

Diane tarda en responder, conmocionada.

Diane – No, no estoy embarazada, mamá. Pero sabes, estamos en el siglo XXI ahora. Las chicas ya no se casan porque están embarazadas.

France – No, lamentablemente... Algunas prefieren abortar...

Diane – Te confieso que estoy asombrada por tu reacción... Karim piensa que son unos viejos retrógrados, y empiezo a preguntarme si no tiene razón.

France – ¿Dijo eso?

Diane – En términos más diplomáticos, pero... sí, más o menos ese era el concepto.

France – Escucha, cariño, no nos opondremos a este matrimonio, por supuesto. Solo nos preguntamos si estás segura de que es la elección correcta. Somos tus padres. Es normal que nos preocupemos.

Diane – ¿Por qué no sería la elección correcta? ¿Porque es árabe?

France – Para nada, pero en fin, él es... actor.

Diane – Actor, y árabe, entonces...

France – Aún puedes entender que para nosotros, aunque sea sin duda un buen chico, que de paso nos trata como viejos desechos, no era a priori el yerno ideal.

Diane – ¿Porque es actor...? Él estudió en el Conservatorio. Es miembro de la Comédie-Française. Está lejos del payaso de circo o del encantador de serpientes...

Un momento.

France – ¿Conoces a sus padres, al menos?

Diane – Los vi una o dos veces. Pero no me caso con sus padres...

France – Y entonces... ¿Son...?

Diane – Musulmanes, sí. Como la mayoría de los árabes son musulmanes y la mayoría de los franceses son católicos.

France – ¿Y ellos...? ¿Están a favor de este matrimonio?

Diane – Si no lo están, prescindiremos de su consentimiento. Como del vuestro, por cierto.

France – Entonces aún no lo saben...

Louis llega.

Louis – ¿Qué está pasando? Los escucho desde mi oficina...

France – Estábamos hablando de este proyecto de matrimonio...

Diane – ¿Un proyecto? Esto no es un proyecto, mamá. Es una decisión. Y solo estamos informándoles...

Louis – Bueno...

Diane – Los dejaré... Podría decir cosas de las que me arrepentiría después. Cuando estén muertos...

Louis – Encantador...

France – Pero, vamos, Diane... no te vayas así.

Diane sale. Louis y France se miran incómodos.

Louis – Entonces, este matrimonio... ¿En la iglesia? ¿En la mezquita?

France – ¿Ambos...?

Negro.

Diane revisa las pruebas del libro de su padre. Karim llega.

Karim – ¿Qué estás leyendo?

Diane – El libro de mi padre. Bueno, las pruebas corregidas. Me pidió que verificara si quedaban algunas erratas...

Ella pone el manuscrito y Karim lee el título.

Karim – "En línea directa. Franceses de origen..". Tengo la impresión de que en esta línea directa, nuestro matrimonio les parece un accidente... ¿Ya les hablaste?

Diane – Sí.

Karim – Y entonces...

Diane – No es tan fácil...

Karim – Ya veo.

Diane – No los defiendo, por supuesto... Pero no quiero tener que elegir entre tú y mi familia, ¿entiendes?

Karim – ¿Ya estamos en ese punto?

Diane – ¡No, Karim! Solo digo que prefiero no herir sus sentimientos, eso es todo. Mi padre acaba de publicar un libro. Es la obra de su vida. Aunque sea correcto o incorrecto, está orgulloso de mostrarle al mundo que es de ascendencia francesa, y que su hija desciende directamente de Carlos Martel. ¿Entiendes que aparecer en la sesión de firma con un yerno norteafricano lo haría sentir incómodo?

Karim – ¿Incomodo? ¿No crees que yo soy el que más incómodo está en todo esto?

Diane – Tienes razón... Lo siento... Estoy siendo egoísta...

Karim retoma el manuscrito.

Karim – "En línea directa..." ¿De verdad crees en estos cuentos de hadas?

Diane – Es un estudio muy documentado, sabes. Ha estado trabajando en él durante más de tres años.

Karim – En cuanto a genealogía, las líneas rectas rara vez son el camino más corto de una generación a otra.

Diane – ¿Qué significa eso?

Karim – En algún momento, inevitablemente hay algunas salidas del camino... Deslices incontrolados...

Diane – ¿Estás llamando cornudo a mi padre y adúltera a mi madre?

Karim – ¡No se trata de tus padres! Me estás hablando de tu árbol genealógico que se remonta a la época de las Cruzadas. ¿Realmente crees que en más de mil años, ninguna de las mujeres de tu familia ha engañado a su esposo? Durante las Cruzadas, por ejemplo...

Diane – No creo que las mujeres acompañaran a sus esposos a las Cruzadas.

Karim – No, precisamente. Se quedaban solas en sus castillos. Algunas de ellas debían sentir que el tiempo pasaba lento. Y las cintas de castidad seguramente no eran un obstáculo insuperable para alguien muy motivado y un poco hábil.

Diane – Sí, tal vez...

Karim – ¿Realmente crees que el adulterio solo se inventó en la época moderna?

Diane – No lo sé... Sí, tal vez haya sucedido que algunas mujeres engañaran a sus esposos... No con extranjeros, al menos... Como dijiste tú mismo, probablemente quedó en la familia... ¿Es por eso que parecemos tan degenerados, verdad?

Karim – En lugar de un árbol genealógico, tus padres deberían haber hecho una prueba de ADN. Es mucho más rápido y mucho más confiable. Al menos sabrías con certeza sobre tus orígenes étnicos.

Diane – ¿Qué estás tratando de demostrar?

Karim – ¡Haz la prueba!

Diane – Es ilegal en Francia, excepto por orden de un juez. Estoy bien informada al respecto, soy abogada.

Karim – Pero es legal en todo el mundo. Nada te impide hacer la prueba enviando un mechón de cabello por correo y recibir los resultados en el extranjero. Si quieres, puedo encargarme de eso, tengo una amiga en Bélgica. ¿Y sabes qué?

Diane – ¿Qué? ¿Con esta prueba milagrosa, descubrió que era negra?

Karim – No. Descubrió que tenía un hermano que no conocía...

Diane – ¿Un hermano? ¿Cómo es eso?

Karim – Los análisis de ADN están vinculados a árboles genealógicos que las personas cargan voluntariamente en el sitio. Así fue como descubrió que tenía un hermano. Bueno, medio hermano. Tienen el mismo padre... ¿Quién sabe? Tal vez descubras que tienes sangre rusa o familia lejana en Uzbekistán.

Diane – Estoy segura de mis raíces francesas.

Karim – ¿Apuestas?

Diane – ¡No!

Karim – ¡Haz la prueba! Si tienes raíces árabes, haremos la boda en la mezquita de París, ¿de acuerdo?

Diane – ¿Y si gano?

Karim – Mira... Si eres de al menos un 90% de ascendencia europea, aceptaré casarnos en la iglesia.

Diane – Estás completamente loco.

Karim – ¿Qué riesgo corres? Si estás segura de tus orígenes...

Diane – Bueno, como te empeñas tanto... (*Abre un cajón, saca unas tijeras, se corta un mechón de cabello y se lo entrega a Karim*) Aquí tienes... Pero nunca habría pensado que algún día, si me pidieras un mechón de cabello, sería para hacer una prueba de ADN.

Ella se va, él la sigue.

Karim – ¡Espera! Podemos hablar, ¿verdad?

Louis y France llegan.

France – Tengo la sensación de que hay problemas...

Louis – No me digas que te alegras de ello. No sería muy cristiano...

Un tiempo.

France – No debí hablarle así, lo sé.

Louis – Es un verdadero cabezota. Cuanto más le digamos que Karim no es el hombre adecuado para ella, más rápido querrá casarse con él.

France – Sí, tienes razón...

Un tiempo.

Louis – Por otro lado, es un buen chico... y además, tiene una buena posición. La Comédie-Française, después de todo, no es cualquier café teatro...

France – Claro, no digo lo contrario, pero...

Louis – ¿Pero?

France – No conocemos a su familia. Esas personas no tienen la misma cultura que nosotros. Él, aparentemente, está muy bien integrado, pero sus padres, hermanos, hermanas...

Louis – ¿Tiene hermanos y hermanas?

France – No lo sé. Supongo...

Louis – En cualquier caso, no debemos presionarla.

France – Tal vez sugerirle que no tenga prisa. En realidad, este matrimonio parece un poco precipitado, ¿verdad?

Louis – ¿Cuánto tiempo llevan conociéndose?

France – Nos lo presentó en Navidad.

Louis – Deben haberse conocido antes.

France – Sí, pero no te casas así, de repente.

Louis – Cuando nos casamos, solo nos conocíamos durante tres meses...

Un tiempo.

France – Era una época diferente.

Diane vuelve, no se siente bien.

Louis – ¿Todo está bien, cariño?

Diane – Genial... ¿Y ustedes? ¿Qué es esa conspiración?

France – ¿Qué estás insinuando? ¿Estás segura de que todo está bien?

Louis – ¿Te peleaste con él?

Diane – Digamos que... tuvimos una pequeña diferencia de opinión.

France – ¿Sobre qué? ¿Sobre el matrimonio?

Diane – Él sostiene que ser cien por cien francés durante veinte o treinta generaciones no es posible.

Louis – ¿Y entonces?

Diane – Entonces, voy a hacer una prueba para demostrarle que se equivoca.

Sus padres quedan sorprendidos.

France – ¿Perdón...?

Louis – ¿Una prueba?

Diane – ¡Una prueba de ADN!

France – ¡Pero vamos, esto es ridículo!

Louis – Y además, es ilegal...

Diane – Al parecer, solo necesitas recibir los resultados en Bélgica.

France – Pero, ¿qué esperas descubrir?

Diane – ¡Nada! Solo es para demostrarle a él... Pero parece que les asusta. ¿Tienen algo que ocultar?

France – Pero en absoluto...

Diane – Tú trabajaste durante tres años en un libro para demostrar que éramos cien por cien galos. ¿No estás seguro de eso?

Louis – Claro que sí, pero...

Diane – ¿Pero?

France – Las pruebas de ADN son para criminales...

Louis – O para investigaciones de paternidad.

France – Tú sabes quiénes son tus padres, ¿verdad?

Diane – De todas formas, ya es demasiado tarde, le di un mechón de cabello y firmé el formulario.

Ella se va. Sus padres están consternados.

Oscuridad.

Diane llega con Karim.

Diane – Listo. Creo que mi madre se ha acostumbrado a la idea de tener un yerno de inmigración. Me preguntó si podía invitar a tus padres a cenar.

Karim – Genial.

Diane – ¿Y entonces?

Karim – ¿Qué?

Diane – ¿Les preguntarás? Cuándo están libres para cenar...

Karim – Ah, sí...

Diane – Aún no les has dicho que nos vamos a casar...

Karim – Estaba esperando el momento adecuado...

Diane – ¿Ah, sí? ¿Y cuándo es el momento adecuado?

Karim – Lo haré... esta noche, te lo prometo.

Diane – Después de todo, tal vez tampoco estarán encantados de tener una nuera galo y católica.

Karim – Podría ser peor.

Diane – ¿Oh, sí?

Karim – Podrías ser judía.

Diane – Muy gracioso.

Karim – Estoy bromeando. Mis padres son como yo. Beben pastis. No hacen el Ramadán. Solo van a la mezquita para bodas y funerales.

Diane – Entonces, no estoy segura de querer unirme a esta familia de infieles...

Karim – Ah, por cierto, casi lo olvido, tengo los resultados de tu prueba.

Diane – ¿Mi prueba?

Karim – ¡Tu prueba de ADN!

Le entrega un sobre que ella toma con cierta aprehensión.

Diane – Ah, sí, es cierto, había olvidado eso.

Karim – Por supuesto, no lo he abierto.

Diane – Gracias...

Karim – ¿No lo vas a abrir?

Diane – No es como si estuviera esperando saber si tengo cáncer o algo así. Lo abriré más tarde, cuando te hayas ido. Es personal, ¿no?

Karim – Personal... Te recuerdo que hicimos una apuesta...

Diane – ¿Qué esperas exactamente?

Karim – ¡Nada! Absolutamente nada. Dado que estás completamente segura de la pureza de tus orígenes...

Diane – Pensé que tenías una cita.

Karim – Me voy... Nos vemos esta noche...

Se besan. Él se va. Una vez que se ha ido, ella abre el sobre con cierta ansiedad. Lee los resultados y su rostro se descompone. Saca su teléfono móvil, mira nuevamente el papel y marca un número. Espera a que su interlocutor responda.

Diane – Sí, soy Diane de Casteladrón... Acabo de recibir los resultados de mi prueba de ADN y... Sí, eso es correcto. Casteladrón, Diane... Entonces, veo en sus resultados que tengo un 50% de genes de origen chino. ¿Es una broma...? En fin, debe haber algún error. No, absolutamente no. Ninguno de mis padres es chino, y de hecho, no tengo en absoluto rasgos asiáticos... Lo sé, a veces no se nota en los mestizos, ¡pero no soy mestiza! Sí, Diane de Casteladrón... ¿No hay posibilidad de error? Pero no es cierto... (*Su madre llega*) De acuerdo, debo dejarla. Sí, gracias...

France – ¿Hay algún problema?

Diane – No, no, es un cliente que... Acerca de esta prueba de ADN... En fin, no puedo hablarte de eso, es confidencial...

Ella sale precipitadamente. Su madre la mira partir, un poco preocupada. Louis llega con un archivo en la mano.

France – ¿Sigues trabajando en tu manuscrito? Pensé que lo habías enviado a tu editor...

Con un aire conspirador.

Louis – No es mi manuscrito, es... un informe de investigación.

France – ¿Un informe de investigación? Has estado jubilado más de un año...

Louis – Pero he mantenido algunos contactos en la policía, por suerte.

France – ¿Por suerte? ¿Por suerte para quién?

Louis – ¡Para nosotros! Me permitió averiguar un poco más sobre este Karim... y su familia.

France – ¿No hiciste eso, verdad?

Louis – ¿Por qué no? Estoy seguro de que tú también preferirías saber un poco más sobre esta gente antes de confiarles a tu hija.

France – ¿Mi hija? ¿Te recuerdo que también es la tuya? ¿Y te das cuenta de que si se entera de lo que has hecho, la policía tendrá que investigar un parricidio...

Louis – Por eso haremos todo lo posible para que no se entere...

France – Pero, Louis, ¡es monstruoso! ¿Qué te llevó a hacer eso?

Él se sienta y abre su archivo.

Louis – Entonces, no quieres saberlo? Bueno, no te diré nada...

Después de una ligera vacilación, ella se sienta a su lado y echa un vistazo al archivo.

France – ¡Por supuesto que quiero saberlo! ¿Qué encontraste?

Él hojea el archivo.

Louis – Nada.

France – ¿Cómo que nada?

Louis – El archivo está completamente vacío. Ni los padres ni el hijo tienen antecedentes penales. No hay ningún informe de radicalización...

France – Pareces casi decepcionado...

Louis – Más bien un poco celoso... El padre es titular de la Legión de Honor como presidente de una asociación cultural franco-marroquí. La madre es Dama de las Artes y las Letras por haber publicado varias novelas en francés.

France – ¿Y necesitabas una investigación policial para saber eso?

Louis – No, eso lo encontré en Wikipedia...

France – ¿Y él? ¿Karim?

Louis echa un vistazo al archivo de nuevo.

Louis – Encontré varias infracciones de tráfico, incluyendo un exceso de velocidad que le costó la suspensión de su licencia cuando tenía diecinueve años.

France – ¿Eso es todo?

Él mira de nuevo el archivo.

Louis – Actualmente, solo le quedan seis puntos... De todas formas, deberíamos pedirle que conduzca un poco más despacio...

France – ¿Nada más? ¿Estás seguro...?

Louis – Diane tiene razón... Es una antigua familia marroquí que pertenece a la alta burguesía de Casablanca.

France – No me digas que además de su historial criminal, también investigaste su árbol genealógico...

Louis – Los padres se quedaron en Francia después de estudiar en París. Fue allí donde se conocieron...

France – En resumen, una familia ejemplar en cuanto a la integración.

Louis – Si tan solo Karim fuera católico, sería el yerno perfecto...

Un momento.

France – Toma este archivo de inmediato y mételo en el contenedor amarillo en la esquina de la calle, ¿de acuerdo?

Louis – Lo quemaré en la chimenea del comedor. (*Se levanta para salir, y ella también se levanta*) ¿A dónde vas?

France – Voy a confesarme... Somos realmente monstruos, ¿verdad?

Louis – Mmm...

Salen.

Negro.

Diane llega con Karim.

Karim – ¿Vendrás mañana al estreno de El Burgués Gentilhombre?

Diane – Por supuesto.

Karim – Si quieres invitar a tus padres, les pondré tres entradas en la recepción. Es una obra que siempre está de actualidad, ya sabes...

Diane – ¿Hay algún mensaje subliminal...?

Karim – ¡Pero en absoluto! ¿Qué estás pensando?

Diane – Perdona...

Karim – Últimamente pareces un poco nerviosa. ¿Hay algún problema...?

Diane – No, no, todo va bien... Estoy... un poco abrumada, eso es todo... En la oficina es una locura.

Karim – Relájate un poco.

Diane – Acabo de ser contratada. Todavía tengo que demostrar mi valía si quiero llegar a ser socia algún día... ¿Y tú?

Karim – Oh, ya sabes, nosotros, los artistas... Solo trabajamos cuando nos apetece... Incluso me pregunto por qué nos pagan, ya que hacemos esto por placer...

Diane – No digas tonterías... Eres miembro de la Comédie-Française, eres asalariado.

Karim – Tienes razón, es aún peor... ¿Cómo se puede ser actor y asalariado al mismo tiempo? Casi como ser funcionario...

Diane – Sí, deberíamos abolir ese tipo de privilegios. Como los regímenes especiales de los ferrocarriles.

Karim – ¿Y tus padres que piensan que te vas a casar con un artista maldito...

Diane – Ah, mis padres, ha pasado mucho tiempo...

Un momento.

Karim – ¿Y los resultados de tu prueba, por cierto? No me has contado...

Diane – Oh sí, la prueba, es cierto... Ni siquiera sé qué hice con eso...

Karim – ¿No quieres mostrármelo, verdad?

Diane – Para nada...

Karim – ¿Qué pasa? ¿No es exactamente lo que esperabas? ¿Tienes un 5% de genes españoles o italianos?

Un momento. Diane saca una hoja de su bolsillo y se la entrega.

Diane – Toma, aquí está.

Karim examina los resultados.

Karim – ¿No? No puede ser...

Diane – Sí, eso pensé yo también.

Karim – ¿Origen asiático al 50%?

Diane – Es una locura...

Karim – Los análisis de ADN son absolutamente científicos. De lo contrario, no servirían como prueba en los tribunales para condenar a alguien.

Diane – ¿Porque ahora se trata de llevarme a juicio?

Karim – ¡De ninguna manera! No es un crimen tener origen extranjero, ¿verdad? No es algo de lo que avergonzarse...

Diane – Asiática, en serio... ¿Yo? Y además asiática... es un poco vago, ¿no?

Karim (*leyendo*) – China del Norte, región de Cantón. Es bastante específico.

Diane – Estas pruebas son realizadas por laboratorios privados, no por expertos nombrados por la justicia. Y son para fines recreativos. ¿Estás seguro de que es realmente fiable?

Karim – No te dará el nombre y la dirección de tu progenitor, eso es seguro. Pero cuando tienes un 50% de origen chino, significa que se remonta a tus ancestros directos... Y es seguro que al menos uno de ellos no era normando o bretón durante varias generaciones, como tus padres.

Diane – ¿Crees que tengo algo asiático?

Karim – Nunca lo había notado, pero... ahora que lo sé, es cierto que hay algo en tus ojos...

Ella saca un espejo de bolsillo y se mira fugazmente.

Diane – ¿Estás bromeando?

Karim – ¿Sabías que tenías antepasados asiáticos?

Diane – No.

Karim – Sin embargo, debe haber una explicación... ¿Tus padres han estado en China antes?

Diane – No lo sé... No.

Karim – ¿Han vivido en el Barrio Chino de París?

Diane – No.

Karim – ¿Tu madre tiene amigos asiáticos? ¿Un tendero? ¿Un acupunturista?

Diane – Sí, claro, burlándote de mí...

Karim – De todos modos, plantea algunas preguntas, ¿verdad?

Diane – ¿Qué preguntas?

Karim – Para empezar... ¿Estás segura de que eres realmente hija de tu padre?

Diane – ¿Oh, en serio?

Karim – Y si no, ¿de quién eres realmente hija?

Diane – ¿Y entonces?

Karim – Ahí... Solo tu madre podría responder eso. Pero, por supuesto, no es una pregunta fácil de hacerle a tu madre...

France llega.

France – Ah, hola Karim... ¿Cómo estás?

Karim – Muy bien, gracias.

France – ¿Te puedo ofrecer un café... o un té?

Karim – Es amable, pero estaba a punto de irme.

France – No te estoy echando, ¿verdad?

Karim – En absoluto... Mañana es el estreno de El Burgués Gentilhombre. Y esta noche es el ensayo general... Por cierto, si quieren, son mis invitados, por supuesto.

France – Es muy amable de tu parte, hablaré con mi esposo.

El teléfono móvil de Karim suena.

Karim (*a Diane*) – Disculpa un momento...

Sale para contestar.

France – Es realmente un chico muy amable...

Diane – ¿Pueden dejar de repetir eso, los dos?

France – ¿Qué?

Diane – ¡Que es un chico amable!

France – ¿Por qué, no lo es?

Diane – Sí, pero... No sé... Un chico amable, ¿qué significa eso? ¿Que es un poco tonto? ¿Es eso?

France – ¿En serio?

Diane – Bueno, sí. Papá, él es amable... Pero no me gustaría casarme con papá.

France – Me tranquilizas...

Diane – Tampoco era eso lo que quería decir...

France – Bueno, entiendo que estés un poco molesta con nosotros... Es cierto, no hemos sido muy cálidos con él, pero ¿qué quieres que hagamos? Es normal que los padres se preocupen un poco por su hija. Especialmente cuando es su única hija. Pero te repito que no estamos en contra de este matrimonio.

Diane – Gracias...

France – Aun así, tendremos que conocer a sus padres. ¿Te han dado una respuesta para el domingo?

Diane – Todavía no...

France – No sé qué voy a cocinarles... ¿Qué comen sus padres?

Diane – ¿Perdón?

France – No, quiero decir... ¿Hay cosas que no comen?

Diane – Creo que no les gustan mucho los caracoles y las ranas.

France – Sabes a lo que me refiero... No quiero hacerlos sentir incómodos, eso es todo.

Diane – Comen de todo, no te preocupes. Pero tampoco estás obligada a servirles un asado de cerdo en la primera reunión con ellos... Mira, podrías hacerles comida china...

Su madre parece un poco desconcertada.

France – ¿Por qué quieres que les haga una comida china?

Diane – No sé... Porque... para la luna de miel, pensamos ir a Asia, con Karim. ¿Qué te parece?

France – ¿Asia? ¿No es un lugar grande?

Diane – Sí, aún no hemos decidido. ¿Conocen Asia?

France – No.

Diane – ¿China, quizás?

France – China está en Asia, ¿no?

Diane – Sí...

France – Ah, sí, fui a Hong Kong una vez.

Diane – ¿A Hong Kong? Nunca me lo habías dicho.

France – Con el trabajo de tu abuelo, viajamos bastante. No pensé que fuera importante para ti saberlo...

Diane – ¿Se quedaron mucho tiempo?

France – No... Una semana, tal vez. En ese momento, Hong Kong no era realmente China.

Diane – ¿Y cuándo fue?

France – No lo recuerdo... Aún no habías nacido. Fui con mis padres, te lo digo... Sí, creo que fue justo antes de mi boda...

Louis llega.

Louis – Me crucé con Karim. Es realmente un chico muy amable... Y muy educado...

Diane – ¿Quieres decir, para ser árabe?

France – Pensaban ir de luna de miel a Hong Kong.

Louis – Ah, ¿sí? Qué idea tan extraña...

Diane – No dije Hong Kong, dije Asia.

Louis – Asia es grande.

Diane – ¿Hong Kong está lejos de Cantón?

Louis – Unos cien kilómetros, creo. A la escala de China, Cantón es como el suburbio de Hong Kong.

France – ¿No me digas que quieres ir de luna de miel a Cantón?

Louis – ¿Qué sabes de Cantón?

Diane – Nada... Excepto el arroz cantonés...

France – Entonces, ¿por qué querrías ir de luna de miel allí?

Diane – Es solo una idea... Aún no está decidido.

Louis – Pensé que irían a Marrakech o algo así. Para conocer a tu futura familia.

Diane – La familia de Karim es de Casablanca.

Louis – Marrakech no está muy lejos de Casablanca, ¿verdad?

Diane – No... Es la misma distancia que entre Hong Kong y Cantón, más o menos...

Louis – Bueno, los dejo con estos problemas de geografía. Mi especialidad es más bien la historia...

Louis sale. France parece un poco incómoda.

France – ¿Y esta historia del test de ADN? ¿Tuviste los resultados?

Diane – Todavía no. Toma un poco de tiempo, ya sabes...

France – Menos mal, menos mal...

Diane – ¿Qué quieres decir con "menos mal"?

France – No, quiero decir...

Karim vuelve.

France – Los dejo...

France sale.

Karim – Era mi padre... Están de acuerdo en venir a cenar el próximo domingo.

Diane – Entonces, les hablaste.

Karim – Claro...

Diane – ¿Y entonces?

Karim – Les dije que me casaba con una gallega, estuvieron de acuerdo... Pero si ahora les digo que me caso con una china...

Diane – Justo eso... Acabo de hablar con mi madre sobre los resultados de mi prueba de ADN.

Karim se descompone.

Karim – No, no hiciste eso, ¿verdad?

Diane – Hasta ahora, solo le pregunté si alguna vez había estado en Asia.

Karim – Me tranquilizas... ¿Y entonces?

Diane – Ella fue a Hong Kong justo antes de su boda...

Karim parece más incómodo que satisfecho.

Karim – No...

Diane – Fue poco tiempo antes de mi nacimiento. Todo parece coincidir, desafortunadamente...

Karim – Escucha, Diane, necesito contarte algo...

Diane – ¿Qué?

Karim – Esta prueba...

Diane – ¿Sí?

Karim – Fue una broma...

Diane – ¿Una broma?

Karim – No pensé que te tragarías algo tan grande. En serio. ¿Tú, china...?

Diane – Pero, ¿cómo es posible? Mi nombre está en los resultados. ¿Lo dices para tranquilizarme, verdad?

Karim – Envié una solicitud a tu nombre, pero en lugar de tu mechón de cabello, puse el de mi amiga china que vive en Bruselas. Bueno, su padre es chino...

Diane – ¿Qué? Esto es completamente irresponsable... Estaba a punto de preguntarle a mi madre si mi padre realmente era mi padre...

Karim – Por supuesto que te lo iba a decir, pero mi teléfono sonó justo en ese momento. No pensé que lo mencionarías a tu madre de inmediato...

Diane – No puedo creerlo... ¡Estás completamente loco!

Karim – Lo siento, fue solo una broma. Una broma de mal gusto, está bien. Pero me fastidiaste tanto con tus raíces francesas...

Diane – Creo que sería mejor que te fueras...

Karim – Diane, por favor...

Diane – Ahora mismo.

Karim – Y mis padres, ¿qué les digo sobre el domingo?

Diane – Diles lo que quieras, me da igual.

Karim – Está bien, te llamaré cuando te calmes...

Diane – Eso es...

Karim se va. France regresa, incómoda.

France – ¿Karim no está aquí?

Diane – Acaba de irse...

France – ¿No te molesto?

Diane – No, ¿por qué?

France – Necesito hablar contigo... A solas...

Diane – Tienes una cara... ¿Es tan grave?

France – Un poco, sí.

Diane – Me asustas... ¿No estás enferma, verdad? ¿No me vas a decir que tienes cáncer?

France – No, tranquilízate. No estoy enferma. Y tu padre tampoco. Pero de todos modos, no es fácil de decir...

Diane – Te escucho...

France – Sería mejor que te sentaras.

Diane – Estoy bien de pie.

France – Es sobre esta historia de prueba de ADN.

Diane – Sí... ¿Y entonces?

France – Como de todas formas lo vas a descubrir, prefiero que sea yo quien te lo cuente.

Diane – ¿Descubrir qué?

France – Bueno...

Diane – ¿Qué?

France – Tu padre... en realidad no es tu padre.

Un momento.

Diane – Creo que me voy a sentar después de todo...

Se sienta.

France – Comprendo que esto sea difícil de escuchar.

Diane – ¿Cómo que mi padre no es mi padre?

France – No es tu padre biológico, si prefieres decirlo así.

Diane – Ah, ¿sí...?

France – No.

Diane – ¿Quieres decir que... recurriste a una inseminación artificial? ¿Tú?

France – No... artificial no se puede decir realmente...

Diane – De acuerdo... Y entonces, ¿quién sería mi padre?

France – Otro hombre...

Diane – Sí, eso... podría haberlo adivinado por mí misma.

France – Un hombre que conocí justo antes de casarme con tu padre.

Diane – ¿Un chino de Hong Kong?

France – ¿Un chino? ¡Para nada! ¿Por qué un chino?

Diane – Karim me dijo que había recibido los resultados de mi prueba y que tenía orígenes chinos.

France – ¿Te lo dijo?

Diane – Luego me dijo que era una broma, pero tal vez lo dijo para no preocuparme...

France – No, tu verdadero padre no es chino, te lo garantizo.

Diane – De acuerdo.

France – Escucha, lo siento mucho, pero estoy aliviada de habértelo dicho.

Diane – Bueno, me alegra por ti si te sientes aliviada...

France – Cuando hablaste de este matrimonio y especialmente de esta prueba, por supuesto... Todo eso volvió a mí...

Diane – Sí... los cadáveres siempre terminan saliendo a flote. Y los hijos ilegítimos también...

France – No se puede ocultar la verdad para siempre... En algún momento, tienes que pagar la cuenta...

Diane está en shock.

Diane – Esto no puede ser... Entonces... ¿engañaste a papá? ¿Tú?

France – Nunca engañé a tu padre... Fue antes de conocer a tu padre. Bueno, de conocer a Louis. O al menos antes de casarme con él.

Diane – ¿Y entonces, no fue en Hong Kong?

France – Fue en Casablanca.

Diane – ¿En Casablanca?

France – Pasé seis meses allí con mis padres justo antes de casarme. En ese momento, tu abuelo estaba destinado allí como secretario de embajada.

Diane – ¡Nunca me dijiste que habías vivido en Marruecos!

France – Preferí olvidar esa etapa de mi vida.

Diane – ¿Y luego qué? ¿Quién es mi verdadero padre?

France – Cuando estábamos allí, teníamos un conductor. Yo era muy joven y un poco ingenua. Era un poco mayor que yo. Era guapo...

Diane – ¿Un conductor? Árabe, supongo...

France – Se llamaba Salim... Poco después, quedé embarazada.

Diane – ¿Y entonces?

France – No le dije a nadie, ni siquiera a Salim. Un matrimonio con él era completamente impensable. Mis padres me hubieran desheredado... Un sirviente. Árabe...

Diane – ¿Y después?

France – Regresé a Francia con mis padres. Conocí a Louis y unas semanas después, nos casamos.

Diane – Y él piensa que soy su hija...

France – ¡Pero tú eres su hija! Él te crió junto a mí.

Diane – Sabes a lo que me refiero. ¿Él sabe que no soy su hija biológica?

France – No lo sé... En cualquier caso, nunca hemos hablado de eso...

Diane está procesando toda la información.

Diane – Así que toda mi vida está construida sobre una mentira... Y la tuya también...

France – Diría más bien... sobre algo que no se dijo.

Diane – Y tú que promueves los valores cristianos...

Su madre está destrozada.

France – Por favor, no me juzgues... Fue otra época...

Diane – Ya estábamos en el año 2000, ¿no?

France – Te pido que no le digas nada a tu padre, por supuesto. Todavía no...

Diane – ¿Para no arruinar la boda, verdad? Podremos decírselo justo después de la ceremonia... ¡Qué hipocresía!

France – La idea de que te cases con un chico de Casablanca despertó en mí estos dolorosos recuerdos. Es por eso que no me sentía muy cómoda con esta historia...

Diane – ¿Y realmente crees que podré guardar este secreto de familia solo para mí?

France – En cualquier caso, en algún momento tendrías que enterarte... Me siento aliviada de haberme liberado de este gran peso...

Diane – Sí... Bueno, yo no.

France está al borde de las lágrimas.

France – Espero que algún día puedas perdonarme...

Diane – ¿Y mi padre, todavía está vivo?

France – No lo sé... De verdad, no lo sé...

Louis llega sosteniendo un libro.

Louis – ¡Ahí está, el bebé!

Diane – ¿Perdón...?

Louis – ¡Mi libro! ¡Acabo de recibir el primer ejemplar!

France – Ah, sí... El libro...

Negro.

Diane está con Karim.

Karim – ¿No me estás haciendo una broma también, verdad?

Diane – Lamentablemente, no...

Karim – ¿Entonces, al final, eres un 50% árabe?

Diane – Según los análisis de ADN, no lo sé, pero según mi madre, sí...

Karim – ¿Quieres que te haga otra prueba para estar segura?

Diane – Mi madre es católica, no veo por qué presumiría de haber tenido un hijo fuera del matrimonio si no fuera cierto.

Karim – Tienes razón... Las confesiones de una madre son aún más fiables que una prueba de ADN.

Diane – No puedo creerlo...

Karim – De todos modos, cuando lo sabes... Es cierto que tienes un aspecto claramente mediterráneo. Probablemente eso fue lo que me atrajo de ti al final. Aunque no lo supiera...

Diane – ¿Cómo pudo ocultarme esto durante todos estos años?

Karim – Como dices, no tenía motivo para presumir de ello. Y luego está tu padre...

Diane – Sí...

Karim – La buena noticia es que ahora no hay ninguna razón para no querer a un árabe en la familia...

Diane – Mmm...

Karim – En ese caso, ¿no sería mejor hacer la boda en la mezquita? ¿Y por qué no en Casablanca? ¡Dado que tú también eres originaria de allí!

Diane – Ya veo, te estás burlando de mí...

Karim – Pero espera, estoy pensando... Tal vez incluso estemos emparentados. No sería bueno terminar siendo primos hermanos... ¿Sabes quién es tu padre?

Diane – Era el conductor de la familia...

Karim – Hija de un sirviente... No corremos el riesgo de un matrimonio consanguíneo. Yo provengo de una gran familia marroquí.

Diane – Me alegro por ti...

Karim – Ah, pero entonces... con todo esto, no estoy seguro de si mis padres seguirán estando de acuerdo con este matrimonio.

Diane – ¿Porque soy una hija ilegítima?

Karim – ¡Porque eres hija del conductor árabe! Les había hablado de una alianza con una familia francesa desde hace treinta generaciones...

Diane – Realmente aprecio tu apoyo... Descubro que mi padre no es mi verdadero padre y que él no lo sabe. No es fácil de asumir, ¿sabes?

Karim – Lo siento mucho, tienes razón... Pero me habías hablado tanto de tu árbol genealógico 100% galo...

Diane – Además, ¡esto es culpa tuya!

Karim – ¿Qué?

Diane – Si no me hubieras empujado a hacer esta prueba de ADN. Y si no me hubieras mentido sobre los resultados...

Karim – Si esa prueba realmente hubiera sido tuya, también habrías descubierto que eres medio mora...

Diane – Tal vez... pero yo nunca habría tenido la idea de hacer un análisis de ADN.

Karim – Y habrías vivido en la mentira toda tu vida.

Diane – No buscaba la verdad a toda costa, yo. ¡Me importa un bledo la verdad!

Karim – Buena mentalidad...

Diane – Está bien, entonces, ya que no soy lo suficientemente buena para ti ni para tu familia de ministros, busca a otra. ¡Una princesa árabe, por ejemplo! Ahora, si me permites, necesito estar un poco sola...

Karim – No lo tomes así. Te ruego que me perdones, por favor.

Diane – Y, por cierto, ¿estás seguro de tus propios orígenes?

Karim – ¿Perdón?

Diane – Tu madre también podría haber engañado a tu padre.

Karim – Mi madre. No, eso realmente no es propio de ella, te lo aseguro.

Diane – ¿Porque es el tipo de la mía, tal vez...? Te estás volviendo realmente ofensivo.

Karim – No fue lo que quise decir.

Diane – ¡Haz la prueba! Me obligaste a hacer una. Es solo justicia, ¿no?

Karim – Es ridículo...

Diane – ¿Ah, sí? Bueno, entonces no te presentes ante mí hasta que me hayas enviado los resultados de tu análisis de ADN. Y mientras tanto, ¡lárgate!

Karim – De acuerdo, de acuerdo... Si eso es lo que quieres... Lo haré...

Se acerca a ella en un gesto de reconciliación, pero ella lo aparta.

Diane – Creo que te dije que podías irte...

Karim – Está bien, me encargaré de ello de inmediato... En la opción acelerada, son tres días. Es un poco más caro, pero bueno...

Diane – Muy bien, entonces nos vemos pronto.

Karim se va. Louis llega.

Louis – Acabo de cruzarme con Karim, parecía preocupado, ¿todo está bien?

Diane – Todo está bien, no te preocupes.

Louis – Estoy deseando conocer a sus padres el domingo. También tendremos que hablar de los detalles de la boda...

Diane – Los detalles... ¿Hablas de ello como si fuera una transacción inmobiliaria...

Louis – Tendremos que gestionar adecuadamente el aspecto multi-confesional, ¿verdad? Supongo que quieres casarte en la iglesia, pero también tendremos que organizar algo para... No tenemos nada en contra de un matrimonio mixto, pero es un poco más complicado, ¿no?

Diane – Bueno, te alegrará saber que esto puede ser mucho más sencillo.

Louis – ¿Ah, sí? ¿Y por qué es eso?

Diane – Porque ya no nos vamos a casar... ¿No era eso lo que querías?

Sale. Louis parece atónito. France llega.

France – ¿Qué pasa?

Louis – Es Diane... Ya no quiere casarse... ¿Crees que es por nuestra culpa?

France parece impactada.

France – Espero que no... Nunca me lo perdonaría...
¿Quemaste bien tu informe de policía?

Negro.

Diane está allí. Karim llega. Parece sorprendida.

Karim – ¿Te molesto?

Diane – ¿Quién te abrió la puerta?

Karim – Tu madre... Me abrazó y se puso a llorar...

Diane – ¿No me digas?

Karim – Luego, me repitió tres veces que estaba en
mi casa aquí... y me ofreció una limonada.

Diane – Bueno, ves que avanzamos...

Karim – Tienes razón. La última vez, fue té de
menta.

Diane – La próxima vez, quizás sea un aperitivo con
un surtido de embutidos.

Un momento.

Karim – Como no contestabas el teléfono, pensé que
pasaría... ¿Estás bien?

Diane – Te dije que no quería verte antes de que
tuvieras los resultados de tu prueba...

Un momento.

Karim – Bueno, precisamente, acabo de recibirlos.

Diane – ¿Y entonces?

Karim parece incómodo.

Karim – Entonces... aquí tienes.

*Le entrega una hoja, que ella mira detenidamente...
antes de abrir los ojos muy grandes.*

Diane – No puede ser... ¿Es otra de tus bromas de mal gusto?

Karim – No, lamentablemente.

Diane – ¿Y estás seguro de que eran realmente tus cabellos?

Karim – Seguro.

Diane – ¡Origen judío al 50%! ¿Y no hay error?

Karim – Llamé al laboratorio. No hay ningún error.

Diane – ¿Tú, judío?

Karim – Al mismo tiempo, judíos, árabes... todos somos primos, ¿no? No es sorprendente que tengamos genes en común.

Diane vuelve a mirar la hoja.

Diane – Origen judío asquenazí... ¿Me estás tomando el pelo? ¡Esos son los judíos de Europa del Este! Estamos lejos de Marruecos...

Karim – Sí, eso mismo pensé yo...

Diane – Entonces, ¿tu madre también habría estado con alguien que no fuera su esposo?

Karim – ¿Con un judío? Aunque mi madre no sea practicante, sigue solidaria con el pueblo palestino...

Diane – La mía es católica, mis ancestros participaron en las cruzadas y ella estuvo con un árabe.

Karim – De todos modos, no me veo preguntándole eso.

Diane – Ah, pero aquí tienes, no sé si va a ser posible...

Karim – ¿Qué?

Diane – ¡Nosotros dos! Si estoy a medias árabe, no sé si voy a casarme con un tipo que está a medias judío...

Karim – Me pregunto si no tenías razón... Estas pruebas deberían estar prohibidas para la gente común...

Diane – Sí...

Un momento.

Karim – ¿Y con tus padres, cómo va todo? ¿Le hablaste a tu padre?

Diane – ¿Cómo quieres que le hable?

Karim – Enterarse de que su única hija no es suya... No va a ser fácil de digerir, eso seguro.

Diane – Imagina que mis padres se divorcian justo antes de que nos casemos... ¿Eso sería un problema, no?

Karim – Por otro lado, no puedes ocultarle la verdad eternamente.

Diane – ¿Por qué no? Sabes, los católicos son como la mafia. Siempre hemos practicado la omertà... Ya sea llamado mentira por omisión o secreto de confesión... Mientras no llegue a la plaza pública, es como si nunca hubiera existido. Si no, la mitad de los buenos católicos estarían en prisión. Sin mencionar a los curas...

Karim – Creo que deberías decírselo...

Diane – ¿Ah, sí? ¿Y tú, vas a hablarle a tu madre sobre tus orígenes judíos?

Karim – Para traer el conflicto israelí-palestino a casa... No lo sé...

Diane – ¿Entonces? ¿Qué te parece saber que eres mitad musulmán y mitad judío?

Karim – Soy ateo de todos modos, así que... Y además, se dice que la judía se transmite por la madre... no por el padre.

Diane – Porque solo de la madre es de quien estamos realmente seguros... La prueba está ahí.

Karim – En ese caso, no sería realmente judío...

Diane – Solo tienes que decirle eso a tu padre... Debería ser suficiente para tranquilizarlo...

Karim – Estábamos pensando si deberíamos casarnos en la iglesia o en la mezquita... Al final, podríamos hacerlo en la sinagoga.

Diane – Sí...

Karim – ¿Y por qué no los tres?

Diane – Al menos estaríamos seguros de estar realmente casados...

Louis llega.

Karim – Voy a dejarte... Creo que tienen cosas de las que hablar...

Louis – ¡No, puedes quedarte! Además, solo estoy pasando...

Karim – De todos modos, me iba...

Karim sale.

Louis – Estoy buscando a tu madre. ¿No la has visto?

Diane – No...

Louis – ¿No me digas que has vuelto a pelear con Karim...?

Diane – No, no, todo está bien. Pero te hará gracia, él también se ha hecho una prueba de ADN y acaba de enterarse de que tiene orígenes judíos...

Louis – ¿Ah, sí...?

Diane – ¿No te sorprende más que eso?

Louis – Dado que de todos modos no es católico como nosotros, judío o árabe, ¿qué cambia?

Diane – Nada, tienes razón...

Un momento.

Louis – ¿Y tú, has recibido los resultados de la tuya?

Diane – Sí...

Louis – ¿Y entonces?

Diane – Nada sorprendente por ese lado...

Louis – ¿De verdad?

Diane – Sí, de verdad.

Louis – Puedes contarme todo, ya sabes. Soy tu padre, y siempre serás mi hija...

Un momento.

Diane – Entonces, ya estás enterado...

Louis – Por supuesto.

Diane – ¿Mamá acaba de decirte?

Louis – Nunca hemos hablado de eso con tu madre. Pero siempre lo he sabido...

Diane – ¿Nunca habéis hablado de eso?

Louis – No...

Diane – ¿Por qué?

Louis – No quería ponerla en un aprieto... Y además... no es como si ella me hubiera engañado. Fue antes de nuestro matrimonio... Y fue... un error.

Diane – ¿Un error? ¿Así es como lo ves? Te recuerdo que estamos hablando de mí aquí...

Louis – Fuiste concebida incluso antes de que yo conociera a tu madre. Bueno, ya nos conocíamos, pero... Cuando ella regresó de Marruecos, empezamos a salir juntos. Para mí, era un sueño... Era una mujer muy hermosa, ya sabes. Nunca hubiera esperado que se interesara por mí.

Diane – Y ella te ocultó su situación...

Louis – No necesitó decirme nada. Entendí muy pronto. Y yo... ya sabía que no podría tener hijos. La amaba, la casé tal como era. No le hice preguntas...

Diane – Admite que es difícil de entender.

Louis – La amaba. Pensé que actuaba como un caballero. Para salvar su honor. Ella me estuvo muy agradecida. Y creo que con el tiempo, también llegó a amarme a mí...

Diane – ¿Y yo, en todo esto?

Louis – Para mí, eras mi hija. Pensé que era tarea de tu madre hablar contigo si lo deseaba. Sabes, también hay padres que ocultan a sus hijos que han sido adoptados...

Diane – Sí, pero yo no fui abandonada por mi padre, ¿verdad? Mamá me dijo que ni siquiera estaba enterado de que tenía un hijo...

Louis – Lamento mucho que lo descubras así.

Diane – ¿Y mi padre, entonces? Quiero decir, mi padre biológico...

Louis – No lo sé... Tu madre nunca volvió a Marruecos. Yo nunca he ido. Por eso, cuando nos dijiste que tu prometido era marroquí...

Diane – ¿Crees que todavía está vivo?

Louis – Tendrías que preguntarle a tu madre...

France llega.

France – ¿Preguntar qué?

Louis – Te dejo...

Él se va.

Diane – Estábamos hablando de mi padre... Mi verdadero padre... Quería saber si todavía está vivo.

France – Entonces, le contaste...

Diane – No tuve que hacerlo... Él me dijo que siempre lo había sabido.

France – No me sorprende...

Diane – ¿Y qué?

France – ¿Qué?

Diane – ¡Mi padre! ¿Está todavía vivo?

France – No lo sé... Nunca he intentado averiguarlo. Pero si quieres saberlo, creo que todavía hay una manera...

Diane – ¿Me ayudarás?

France – Creo que te lo debemos...

Se abrazan al borde de las lágrimas.

Diane – Cuanto más lo pienso, más creo que esta boda debería ser en Casablanca. Si encuentro a mi padre, sería una oportunidad para reunir a las tres religiones monoteístas...

France – ¿Las tres?

Diane – Te lo explicaré...

Negro.

Diane y Karim llegan.

Karim – Lo siento por enterarme de que tu padre biológico ya no está en este mundo.

Diane – Murió un año después de mi nacimiento.

Karim – ¿Enfermedad?

Diane – Accidente de coche. Era conductor. Un accidente en el paseo marítimo de Casablanca. Con su nueva patrona. Murieron los dos en el acto...

Karim – ¿El paseo marítimo de Casablanca?

Diane – Sí... A mí también me hace pensar en esa icónica escena con Cary Grant y Grace Kelly en "Atrapa a un ladrón"... ese coche deportivo a toda velocidad por la carretera sinuosa de la costa de Mónaco...

Karim – Sí, bueno...

Diane – ¿Qué?

Karim – Bueno... El paseo marítimo de Casablanca se parece más al Paseo de los Ingleses que a la cornisa de Mónaco, ¿sabes? Es completamente llano...

Diane – Yo que intentaba imaginarme románticamente la muerte de mi padre... Otra vez no funcionó...

Karim – Lo siento... Un accidente en el Paseo de Casablanca... La carretera es recta.

Diane – Tal vez estaba borracho.

Karim – No me habría gustado tenerlo como conductor, tu padre...

Diane – En cualquier caso, gracias por tu apoyo, me levanta el ánimo...

Karim – Por otro lado, reencontrarte con tu padre biológico en nuestra boda no habría sido muy sencillo par ti.

Diane – No, ni para nadie...

Karim – De todos modos, me alegra ver que todo esto no te afecta demasiado. Estás más radiante que nunca.

Diane – Es porque me hice otra prueba. Y esta vez, realmente se trataba de mí, te lo aseguro.

Karim – ¿Hiciste otra prueba de ADN?

Diane – Dije una prueba, no una prueba de ADN.

Karim – ¿Una prueba de qué entonces?

Diane – Adivina...

Karim – No lo sé...

Diane – Mis padres tienen razón. Eres un buen chico, pero no muy rápido... Espero que este niño no tome después de ti.

Karim – ¿En serio...?

Diane – Estoy embarazada, Karim.

Karim – ¡Pero eso es genial!

Diane – Si quieres, haremos una prueba para verificar quién es el padre.

Karim – ¡Nunca! A este niño no trataremos de averiguar de dónde viene, te lo prometo...

Diane – Pero entonces, ¿este niño será católico, judío o musulmán?

Karim – Digamos una mezcla de los tres...

Diane – O incluso mejor, ninguno de los tres.

Karim – ¿En serio...?

Diane – En realidad, tienes razón. No lo bautizaremos ni lo circuncidaremos...

Karim – ¿Ya sabes que es un niño?

Diane – Si es una niña, será aún más sencillo.

Karim – Optemos por un bautizo laico. ¿Y la boda?

Diane – La haremos en el ayuntamiento.

Karim – Tienes razón. Sería un poco incómodo que la novia ya estuviera embarazada en la iglesia, de todos modos.

Se besan. Louis y France llegan y los sorprenden. Todos están un poco incómodos.

France – Disculpen...

Louis – Les dejaremos en paz...

Diane – No, no, de todos modos nos íbamos... Solo pasábamos para despedirnos...

Karim – Mis padres nos invitaron a pasar el fin de semana en su casa de campo en Cap d'Ail.

Louis – Cap d'Ail?

Diane – Está cerca de Mónaco.

France – Ah, entiendo... Está bien...

Louis – ¿Tú conducirás, Karim?

Karim – Eh... Sí, vamos a usar mi coche...

Louis – Entonces, prométanme una cosa...

Karim – ¿Sí?

Louis – No vayan demasiado rápido por las carreteras de montaña, ¿de acuerdo?

Diane – ¿Por qué dices eso? ¿Por la película?

France – ¿Qué película?

Louis – Solo queremos que tengan cuidado en la carretera, es normal.

France – Un exceso de velocidad puede ocurrir tan rápido...

Louis – Sería una lástima que te quiten de nuevo la licencia...

Karim y Diane parecen un poco desconcertados. Louis y France lucen incómodos.

Negro.

Fin.

Este texto está protegido por las leyes
relativas al derecho de propiedad intelectual.
Toda copia es susceptible de una condena,
hasta de 300 000 euros y 3 años de prisión.

Octubre de 2023

www.ingramcontent.com/pod-product-compliance
Lightning Source LLC
LaVergne TN
LVHW050620200726
843508LV00010B/1927